ALS-Studio-Reihe 798

Kati Breuer

Spielend Lernen

ALSVERLAG

Impressum

Herausgeber: Kreide, Dietzenbach
Idee und Gesamtkonzept: Kati Breuer, Stuhr
Fotos: Kati Breuer, Stuhr
Grafik/Illustrationen: Ingrid Neelen, Düsseldorf
Satz, Repro und Druck: ALS-Verlag GmbH, Dietzenbach
Fachliche Beratung: Yvonne Wagner, Pöcking
Bestell-Nr. 29.798
ISBN 978-3-89135-156-7

Bibliografische Information Der Deutschen Nationalbibliothek
Die Deutsche Nationalbibliothek verzeichnet diese Publikation in der Deutschen Nationalbibliografie; detaillierte bibliografische Daten sind im Internet über <http://dnd.d-nb.de> abrufbar.

Allgemeiner Lehrer-Service
ALS-Verlag GmbH
Postfach 14 40
63114 Dietzenbach

Tel.: 0 60 74/8 21 60
Fax: 0 60 74/2 73 22
E-Mail: info@als-verlag.de
http://www.als-verlag.de

Was brauchen Kinder unter 3 Jahren?

Kinder wollen lernen, und das von Anfang an. Mit unermüdlichem Eifer trainieren sie täglich aufs Neue ihre Fähigkeiten. Ganz von alleine vollziehen sie wichtige Entwicklungsschritte, lernen zuerst das Krabbeln und dann das Gehen, sie beginnen zu sprechen und üben ihre Feinmotorik. All dies geschieht im Spiel, mit großer Freude und geduldiger Wiederholung. Kleinkinder suchen sich ihre „Fördermöglichkeiten" selbst aus, denn sie sind von sich aus kleine Forscher und Entdecker. Aufgabe der Erwachsenen sollte es sein, Impulse zu geben und anzuleiten, sich aber ansonsten so weit wie möglich zurückzunehmen.

Für Eltern und Erzieherinnen in Kleinkindgruppen muss das erste Ziel daher sein, für die Kinder eine anregende Umgebung zu schaffen, in der sie sich gut entwickeln können.

Eine Atmosphäre, in der sich alle Beteiligten wohl und angenommen fühlen, entsteht dann, wenn die diversen Persönlichkeiten von Kindern und Erwachsenen respektiert werden. Menschen sind verschieden, und das gilt ganz besonders für kleine Kinder, die auf unterschiedlichsten Entwicklungsständen stehen können.

Damit sich ein Vertrauensverhältnis und eine warme Atmosphäre aufbauen können, müssen gewisse Grundlagen gegeben sein.

An erster Stelle steht hierbei die sichere Bindung an eine Bezugsperson, meist Mutter oder Vater. Von dieser stabilen Basis aus erweitert das Kind nach und nach den Radius, in dem es sich bewegen mag, und kann mit einfühlsamer und behutsamer Hilfe dabei unterstützt werden, emotionale Beziehungen zu weiteren Personen, zum Beispiel zu Krippenerzieherinnen, aufzubauen.

Unabdingbar für die effektive Förderung ist deshalb eine gelungene Eingewöhnung der Kinder in ihre Gruppe. Eltern und Erzieherinnen sollten zu jeder Zeit möglichst offen miteinander umgehen und im Sinne des Kindes zusammenarbeiten.

Weitere elementare Voraussetzungen für die Arbeit mit den Jüngsten sind:

- eine anregungsreiche Raumgestaltung und Spielmaterial, das vielfältige Entwicklungsanreize bietet
- Qualitätszeit mit der Bezugsperson (auch das Wickeln ist Kontakt sowie Kommunikation und deshalb bedeutungsvoll und sollte nicht als „schnell abzuhandelnde Aktion" durchgeführt werden)
- Ruhe- und Rückzugsmöglichkeiten
- Rituale und feste Zeitrhythmen, die Sicherheit geben
- Körpererfahrungen und Kommunikation
- differenzierte Sinnesreize
- Möglichkeiten und Zeit zum freien Bewegen, Forschen und Experimentieren.

Zum Umgang mit diesem Buch

Wenn die zuvor genannten Fundamente gegeben sind, die Kinder sich also gut eingewöhnt haben und in einer anregenden Umgebung spielen und lernen, dann sind alle weitergehenden Ideen – auch die in diesem Buch vorgestellten – Bereicherungen des Gruppenalltags, nicht Punkte auf einer Liste, die abgearbeitet werden müssen.

Für die Jüngsten ist jeder Impuls, jedes Material, jeder Vers Spaß und Förderung in einem. Die Kinder sollten viel Raum zum Entdecken, Forschen und freien Spiel bekommen.

Alle in diesem Buch vorgestellten Lieder, Spiele und Basteltipps sind immer nur als Anregung zu verstehen. Scheuen Sie sich nicht, ein Lied oder ein Fingerspiel so abzuändern oder weiterzuentwickeln, dass es ganz genau zu Ihrer Gruppe, zu Ihrem aktuellen Thema passt.

Da die Entwicklungsstände der Kinder nicht unbedingt direkt an das Alter geknüpft sind, wurde in dieser Broschüre auf Altersangaben verzichtet. Sie finden bei den jeweiligen Anregungen aber Angaben, welche Fertigkeiten die Kinder beherrschen sollten, um diese Aktionen sicher durchführen zu können. Um die Angaben für Sie mit einem Blick erfassbar zu mahen, sind sie durch kleine Zeichnungen dargestellt und hier auf der rechten Seite erklärt.

Diese Symbole zeigen nur die Mindestanforderungen an, das bedeutet, dass diese Ideen natürlich auch mit älteren Kindern durchgeführt werden können und sollten, denn es ist für die jüngeren Kinder ein wertvoller Anreiz, wenn ältere Kinder dabei sind, von denen sie lernen und an denen sie sich orientieren können.

Ich wünsche Ihnen viel Freude bei der täglichen 7Arbeit mit den Jüngsten und hoffe, dass meine Anregungen Ihren Alltag bereichern können.

Hier sind keine Fertigkeiten nötig, diese Anregungen können schon mit Säuglingen durchgeführt werden.

Damit sich diese Spiele und Anregungen durchführen lassen, sollte das Kind möglichst schon krabbeln können.

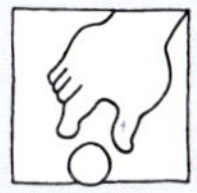
Hier sollte das Kind gezielt greifen und die Hand feinmotorisch steuern können.

Hier ist es von Vorteil, wenn das Kind selbstständig sitzen kann.

Für diese Spielidee sollte das Kind schon sicher stehen können.

Diese Aktion erfordert, dass das Kind alleine gehen kann.

Achtung beim Umgang mit verschluckbaren Kleinteilen, beim Spielen mit Bändern und Folien etc. Die Kinder nie unbeaufsichtigt spielen lassen.

Kapitel 1

Mit Händen und Füßen

Schon kleine Babys spielen immer wieder mit ihren Händen und Fingern. Aus dem zunächst reflexartigen Greifen wird ein immer gezielteres Zupacken, Befühlen und Festhalten. Auch die Koordination der Füße und Beine entwickelt sich weiter, sodass aus dem unkontrollierten Strampeln ein bewusstes Bewegen der Füße und Zehen wird.

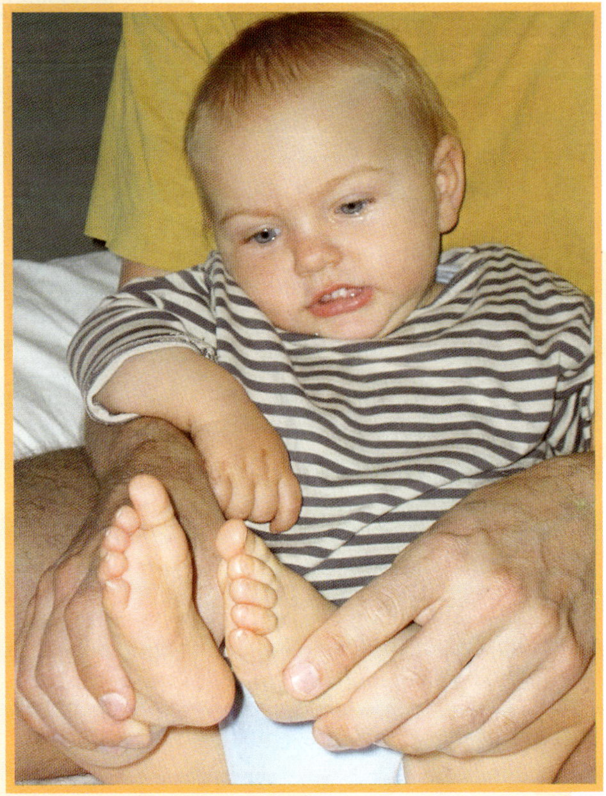

SPIELE MIT DEN FÜSSEN

Strampeln, Massieren, Kitzeln – all das fördert die Wahrnehmung und Beweglichkeit der Füße und bereitet sie auf ihre spätere Aufgabe, das Körpergewicht zu tragen, vor.

Guten Morgen ihr Füßchen

Guten Morgen ihr Füßchen,
wie heißt ihr denn?
Ich heiße Hampel
und bin ein kleiner Übermut.
Und ich heiße Strampel
und bin ein frecher Tunichtgut.
Übermut und Tunichtgut gehen auf die Reise.
Patsch! Durch alle Sümpfe.
Nass sind Schuh' und Strümpfe.
Guckt die Mama (der/die Name ...,
die Oma etc.) um das Eck,
laufen sie alle beide weg.

Parallel zum Sprechen des Reimes jeden Fuß des Kindes in eine Hand nehmen und ihn zum Text bewegen.

Zeigt her eure Füße

Das Lied „Zeigt her eure Füße" kann auch schon mit den Kleinsten gesungen und gespielt werden. Die „fleißigen Waschfrauen" waschen, laufen, tanzen den ganzen Tag und ein Erwachsener imitiert diese Bewegungen passend zum Text mit je einem Kinderfuß in der Hand. Ältere Kinder stellen den gesamten Liedtext pantomimisch dar.

Geschickte Füße

Kinder, die bereits laufen können, trainieren ihre Füße besonders beim Barfußlaufen und Spielen mit nackten Füßen. Wer ganz geschickte Füße hat, kann mit ihnen kleine Bälle wegrollen, Tücher oder Socken aufheben oder sogar Murmeln in einen Behälter räumen. Diese Spiele erfordern neben der körperlichen Gewandtheit eine ganze Menge Konzentration.

FINGERSPIELE

Fingerspiele nehmen das Bedürfnis kleiner Kinder nach Betätigung ihrer Hände auf. Bewegungen werden dabei in zeitlicher und rhythmischer Reihenfolge geübt und die Feinmotorik sowie die Sprachentwicklung gefördert.

Bei Babys macht ein Erwachsener die Bewegungen vor und bewegt die Finger/Hände des Kindes passend zum Text. Nach und nach führt das Kind, wenn es älter ist, selbst die Bewegungen aus.

Der Klassiker unter den überlieferten Fingerspielen für die Allerjüngsten ist das Pflaumenschütteln:

„Das ist der Daumen.
Der schüttelt die Pflaumen …“

Nach diesem Muster gibt es etliche weitere bekannte Fingerspiele, zum Beispiel:

Die Musikanten

Der spielt die Geige.
Der spielt die Flöte.
Der spielt die Zither.
Der spielt Trompete.
Und der kleine Schnickschnack
spielt am liebsten Dudelsack.

Tipp

Fingerspiele eignen sich besonders gut als kleines Ritual auf dem Wickeltisch. Sie können dort auch gut einmal mit den Füßen und Zehen statt mit den Fingern gespielt werden, was den Kindern oft großen Spaß macht. Jedes Kind genießt so ein paar intensive Minuten Exklusivzeit mit einem Erwachsenen und die notwendige Pflege wird zum Vergnügen.

MIT DEN HÄNDEN THEATER SPIELEN

Fingerpuppen, die auch leicht selbst hergestellt werden können, machen viele Fingerspiel-Szenen noch einmal interessanter. Die kleinen Figuren können aus gekauften Rohlingen gebastelt oder selbst aus Filzresten zusammengenäht werden. Noch schneller geht es, wenn Sie zwei Markierungspunkte als Augen auf Ihren Finger kleben oder ein Gesicht aufmalen. Die bemalte Schale einer Erdnuss ergibt ebenfalls eine tolle Fingerpuppe. Ein Erwachsener kann so eine kleine Geschichte nur mit den Händen erzählen oder ein Lied szenisch darstellen. Krönender Abschluss ist es für die meisten älteren Kinder, wenn sie im Anschluss daran selbst die Fingerpuppen verwenden dürfen.

In unserem Häuschen

In unserem Häuschen
sind ganz viele Mäuschen.
Sie trippeln und trappeln,
sie zippeln und zappeln,
sie stehlen und naschen.
Und will man sie haschen –
husch, sind sie weg!

Parallel zum Sprechen des Verses mit allen zehn Fingern den Text darstellen oder eine Mäuse-Fingerpuppe zappeln lassen.

Wo ist der Daumen

(Melodie: Bruder Jakob)

Wo ist der Daumen, wo ist der Daumen?
Hier ist er, hier ist er.
Guten Tag, Herr Daumen!
Guten Tag, Herr Daumen!
Wieder weg.
Wieder weg.

Wo ist der Zeigefinger ...
Wo ist der Mittelfinger ...
Wo ist die ganze Hand ...

Jeweils bei „Hier ist er" den genannten Finger hochzeigen, bei „Wieder weg" in der Faust verschwinden lassen.

Mit diesem Lied erlernen die Kinder spielerisch die Namen der Finger. Je älter sie werden, desto besser können sie selbst die genannten Finger einzeln hochzeigen und wieder verschwinden lassen. Besonders konzentrieren müssen sich die Kinder, wenn beim ersten „Hier ist er" der rechte und beim zweiten der linke Finger hochgezeigt werden soll.

Tipp

Kennen die Kinder das Lied schon gut, macht es ihnen großen Spaß, wenn der Text abgewandelt wird: „Wo ist der Lukas, wo ist der Lukas, hier ist er, hier ist er ..."
Das Lied eignet sich in dieser Form auch sehr gut als Begrüßungslied.

Klingelhandschuh

Dieses und andere Lieder lassen sich gut mit dem selbst hergestellten Klingelhandschuh untermalen. Hierzu wird an jede Fingerspitze eines Fingerhandschuhs ein Glöckchen oder eine Schelle genäht. Schon kleinste Babys sind fasziniert von diesem Spielzeug.

Meine Hände können tanzen Melodie und Text: Kati Breuer

Meine Hände können winken.
Schaut mal meine Hände an!
Meine Hände können winken.
Seht mal, was ich kann!

Meine Hände können trommeln ...
Meine Hände können klatschen ...
Meine Hände können streicheln ...

Die genannten Bewegungen mit den Händen durchführen. Ältere Kinder können selbst die nächste Bewegung aussuchen. Schwieriger wird es, wenn die Bewegungen mit den Füßen gemacht werden sollen. „Meine Füße können tanzen ..." endet meist in großem Gelächter.

WAS HÄNDE ALLES KÖNNEN

Um die Umwelt begreifen zu können, muss zunächst das Greifen erlernt werden. Es gibt eine Reihe von Spielen, die die Fingerfertigkeit von kleinen (und auch größeren) Kindern schulen und sehr viel Spaß machen.

Sammeln, Stapeln und Sortieren

Den Pinzettengriff üben Kinder beim Aufsammeln und Sortieren von kleinen Gegenständen, z. B. Perlen, Knöpfe, Muggelsteine, Naturmaterialien.

Auch beim Stapeln von Gegenständen üben die Kinder ihre Feinmotorik. Gleichzeitig erfahren sie, was Statik bedeutet, wie Gleichgewicht hergestellt werden kann und welche Vielfalt an Formen es gibt. Türme lassen sich aus fast allem machen, von Rindenstücken und Kieselsteinen über Töpfe und Kleidungsstücke.

Kleine Gegenstände können in verschiedene Schachteln (gut eignen sich gereinigte Inneneinteilungen von Kekspackungen) ein- und umsortiert werden. Ältere Kinder machen hier erste Farberfahrungen, wenn sie dazu ermuntert werden, die Gegenstände nach Farben zu sortieren.

Mit unterschiedlich großen Gläsern mit Schraubverschlüssen, z. B. von Honig oder Marmelade, üben die Kinder das Auf- und Zuschrauben und trainieren dabei die Motorik der Finger und des Handgelenks.

Schütten und zielen

Großen Spaß machen den Kindern auch Schüttspiele. Eine Schüssel voller Reiskörner, Sand etc. bereitstellen. Diese können gerührt, in Siebe und durch Trichter geschüttet, in Becher gelöffelt und wieder ausgeschüttet werden. Je mehr „Werkzeug“ hierfür zur Verfügung steht, desto intensiver beschäftigen sich die Kinder. Und im Sommer ist es natürlich das Größte, im Freien mit Wasser zu spielen, Blumen zu gießen, das Wasser ein- und auszuschütten und umzufüllen.

Tipp

Viele gekaufte Greifspielzeuge sind für die kleinen Kinderhände anfangs zu groß. Federn, Kugeln, Plastiklöffel oder Ähnliches sind für die ersten Greifversuche besser geeignet. Gerne üben die Allerjüngsten ihre Fingerfertigkeit auch mit kleinen Stoffpüppchen oder Kuscheltüchern.

Stecken und Fädeln

Einfache Steckspiele können leicht selbst angefertigt werden, indem ein Schlitz oder Loch in den Deckel einer Dose, z. B. von Cappuccino, oder eines Schuhkartons geschnitten wird. Die Größe der Öffnung richtet sich nach dem Material, das eingesteckt werden soll, z. B. Holzstücke, Bierdeckel, Tischtennisbälle, Korken ...

Auch hier können schon die Grundfarben geübt werden: Es hat sich bewährt, jeweils einige der Einsteck-Gegenstände in derselben Farbe zu bemalen – anfangs genügen zwei unterschiedliche Farben. Die Einstecköffnung wird am Rand in einer dieser Farben bemalt. Nun können die Kinder versuchen, aus dem Material jeweils nur die roten, grünen usw. Dinge herauszusuchen und einzustecken.

Tipp

Gekaufte Boxen mit ihren vielen unterschiedlichen Aussparungen zum Einstecken von plastischen Formen sind für die Jüngsten häufig zu komplex. Es ist deshalb sinnvoll, anfangs die komplizierteren Öffnungen mit Kreppklebeband zu überkleben. Dies lässt sich nach und nach entfernen, wenn das Kind älter und geschickter wird.

Erste Fädelspiele können aus in Stücke geschnittenen Papprollen (evtl. bunt bemalt) hergestellt werden. Die Kinder fädeln diese auf dicke Wollfäden auf. Mit zunehmendem Alter der Kinder können dann auch Holzperlen mit großem Loch zu Ketten zusammengestellt werden.

Eine preiswertere Alternative zu den gekauften Formen zum Auffädeln sind selbst gemachte Fädelteile aus Salzteig. Diese haben außerdem den Vorteil, dass die Größe des Loches an das Alter und die Fähigkeiten der Kinder angepasst werden kann: Je jünger die Kinder, desto größer sollten die Formen und das Loch sein. Zum Auffädeln eignen sich Schnürsenkel besonders gut, es kann aber auch ein Wollfaden mit der Spitze in Klebstoff getaucht werden. Nach dem Trocknen ist diese dann fest wie bei einem Schnürsenkel und lässt sich gut durch die Löcher führen.

Salzteig herstellen

Zwei Teile Mehl und einen Teil Salz mit wenig Wasser zu einer formbaren Masse verkneten. Perlen oder andere Formen herstellen und in der Mitte mit einem großen Loch versehen, zum Beispiel mit dem Stiel eines Kochlöffels. Die Teile auf Backpapier bei 150 °C etwa 45 Minuten backen, nach dem Abkühlen bemalen und eventuell lackieren.

Kapitel 2

Bälle, Tücher und Co.

Kinder spielen und lernen mit allem, was sie in ihrer Umgebung finden. Gekauftes Spielzeug kann lehrreich sein, ist aber gar nicht immer nötig, denn oft sind es die ganz einfachen Dinge, die die Kinder faszinieren, die sie intensiv erkunden und die am längsten interessant sind.

Neben Haushaltsgegenständen (Kochtöpfe, Schneebesen und Plastikschüsseln) und Abfallmaterial, das im Alltag anfällt (Papprollen, leere Dosen und Schachteln) gibt es eine ganze Reihe von einfachen Spielsachen, die kleinen Kindern vielfältige Anregungen bieten und sie in Bewegung bringen.

SPIELE MIT BÄLLEN

Mit großen und kleinen Bällen (Igelbälle, Wasserbälle, Tischtennisbälle, Gymnastikbälle ...) aus unterschiedlichen Materialien lassen sich viele verschiedene Spiele spielen, die neben den motorischen Fähigkeiten auch Konzentration und Koordination fördern. Die Kinder sollten zunächst Zeit zum freien Experimentieren haben, in der sie die Bälle je nach Entwicklungsstand betasten, rollen, werfen und schießen können. Kästen oder Kartons, in die die Bälle gesteckt oder geworfen werden können, kommen bei den Kleinen meist gut an.

Einsammeln

Mit mehreren etwa gleich großen Bällen, die in einem Korb liegen, kann ein rasantes Aufräumspiel gespielt werden. Ein Kind schüttet die Bälle aus und alle anderen Kinder sammeln die Bälle schnell wieder ein, dann wird gewechselt.

Rolleigenschaften erfahren

Wird ein Ball weggerollt, krabbeln die Kinder hinterher. Das gibt ein großes Hallo, auch bei Kindern, die bereits laufen können. Da die Bälle nicht immer gerade durch den Raum kullern, müssen die kleinen Krabbler häufig die Richtung wechseln.

Durch schräg gestellte starke Papprollen, z. B. Teppichrollen, können Kinder Bälle hindurchrollen lassen. Sollen die Rollen angemalt werden, empfiehlt sich ein zweiter Anstrich mit ungiftigem Klarlack, da Wasser- oder Fingerfarben bei starker Beanspruchung abfärben können. Wenn mehrere Rollen zur Verfügung stehen, können einige auch halbiert werden, damit die Kinder das Heruntersausen der Bälle besser beobachten können.

Tipp

Durch die Pappröhren lassen sich auch Kastanien oder Spielzeugautos rollen. Die Kinder erkennen schnell, welche Eigenschaften ein Gegenstand besitzen muss, um möglichst gut zu rollen.

WAS KLINGT DENN DA?

Nicht nur der Hörsinn, auch die Motorik wird durch Rasseln spielerisch angeregt, denn die Kinder bewegen ihre Rassel gerne und erfreuen sich am selbst erzeugten Geräusch. Besonders gut lassen sich kleine Trinkjoghurtbecher und Sahnefläschchen von kleinen Babyhänden greifen.

Transparente Rasseln

Attraktiv für Ohr und Auge sind durchsichtige Rasselflaschen. Dafür werden einige gleiche Plastikflaschen gesammelt und unterschiedlich befüllt: mit Perlen, Stückchen von bunten Trinkhalmen, Pailletten und Federn. Je bunter und unterschiedlicher die Füllungen sind, desto interessanter sind die Rasseln. Die Kinder können die Flaschen schütteln und den Inhalt vergleichen.

Haushaltsinstrumente

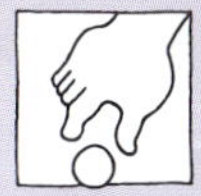

Töpfe, Dosen und Flaschen ergeben tolles Musikspielzeug. Die Kinder experimentieren, wie sie die schönsten Geräusche erzeugen können. Damit es nicht gar so laut wird, können die Schlägel aus Holzstäben hergestellt werden, an deren einen Seite eine mit Wolle umwickelte Wattekugel befestigt wird.

Was gehört zusammen?

Für ältere Kinder kann ein Zuordnungsspiel hergestellt werden, indem jeweils zwei blickdichte Behälter mit dem gleichen Material befüllt werden. Die Kinder schütteln die Behälter und suchen dann aufgrund des Rasselgeräusches jeweils die richtigen Paare zusammen.

Wir machen heut Musik

Melodie und Text: Kati Breuer

MIT TÜCHERN SPIELEN

Eine lohnende Anschaffung für jede Kindergruppe ist eine Sammlung bunter Chiffontücher. Mit ihnen sind vielfältige Spiele möglich, die auf fantasievolle Art die Sinne anregen und die Kinder in Bewegung bringen. Das Material an sich hat einen hohen Aufforderungscharakter und die Kinder benötigen wenig Hilfestellung beim Spielen.

Wunderbare Verstecke

Schon Babys verstecken sich gerne unter den bunten Tüchern und spielen das beliebte „Kuckuck-Da!". Auch kleine Spielzeuge können unter einem Tuch versteckt werden (je jünger die Kinder sind, desto leichter muss das Versteck zu entdecken sein!).

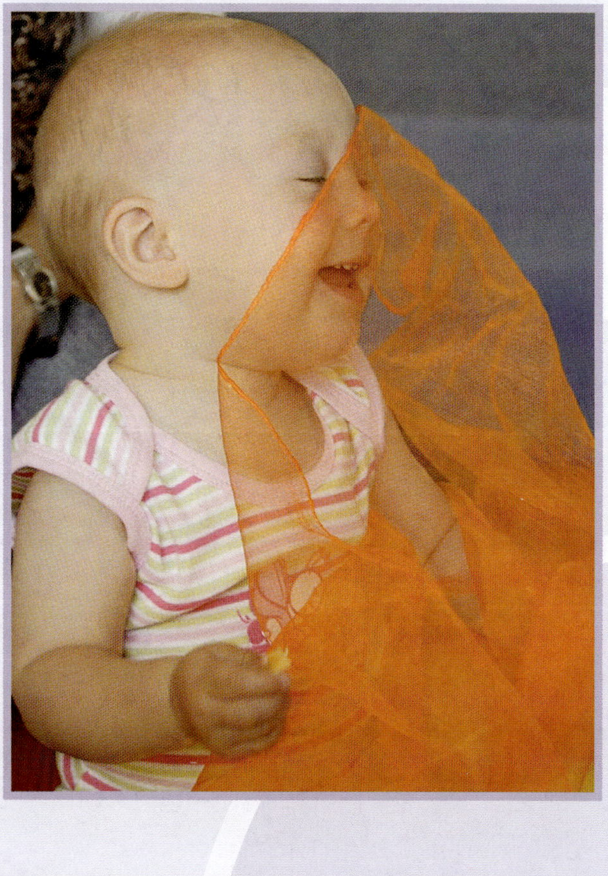

Flugobjekte

Chiffontücher sind prima Flügel, wenn sie mit der Hand auf und ab bewegt werden. Sie untermalen jedes Lied, in dem es um das Fliegen geht.

Ältere Kinder können die Tücher knüllen, schwenken, in die Luft werfen und wieder auffangen, damit tanzen und sich sogar damit verkleiden.

Schaukelspiele

Tragetücher oder Wolldecken eignen sich nicht nur zum Kuscheln und zum Verstecken, sie ergeben auch ein schönes Schaukelspielzeug. Jeweils zwei Erwachsene fassen das Tuch und schaukeln ein Kind – je nach Charakter des kleinen Passagiers eher sanft oder etwas wilder. Die Erwachsenen können dazu einen kleinen Vers im Schaukelrhythmus sprechen:

Schaukeln, schaukeln, schaukeln hin und her.
Schaukeln, schaukeln, übers große Meer.

LUFTBALLONSPIELE

Nicht zu fest aufgeblasene (Platzgefahr!) bunte Luftballons sind herrliche Spielgeräte für kleine Kinder, weil sie so leicht sind und schon von den Jüngsten benutzt werden können. Ganz von alleine fallen ihnen schöne Aktivitäten ein: den Ballon rollen, stupsen, werfen, wegschlagen, schießen ...

Klingende Ballons

Werden die Ballons vor dem Aufblasen mit etwas Reis, Perlen, Mehl o. Ä. gefüllt, ändern sich ihre Eigenschaften beim Fliegen und sie klingen je nach Füllung ganz unterschiedlich. Stehen transparente Ballons zur Verfügung, kann man die Bewegung der Füllung sehen.

Ballonbett

Steckt man mehrere, nicht zu fest aufgeblasene, Ballons in einen Kopfkissenbezug, ergibt das ein schönes Ballonbett, auf dem die Kinder sitzen oder liegen können. Mit diesem einfachen Spielzeug üben sie ihren Gleichgewichtssinn und haben beim Hin- und Herwippen und Herunterkullern viel Spaß.

Ballons an der Schnur

Einige Luftballons können nebeneinander an einer Schnur befestigt werden. Wird diese von zwei Erwachsenen waagerecht gehalten oder an zwei festen Punkten angeknotet, können die Kinder durch Hochspringen versuchen, die Ballons in Bewegung zu bringen. Besonders viel Spaß macht dieses Spiel, wenn ein wenig Füllmaterial (siehe oben) die Ballons klingen lässt.

Tipp

Sehr schöne Spiele sind mit Riesen-Luftballons möglich. Diese fliegen wegen ihrer Größe ungewöhnlich langsam. So können auch schon kleinere Kinder die Ballons fangen und erneut anstupsen, ohne dass sie zu Boden sinken.

AUS PAPIER UND PAPPE

Schachteln, Papprollen, Papierreste und Kartons in verschiedenen Größen sind schnell gesammelt und bieten vielfältige Spielimpulse. So können schon die Jüngsten Toilettenpapierrollen, Papier und Pappe greifen, ertasten, drücken, knautschen usw. Werden nur unbedruckte Papiere und Kartons verwendet, ist es auch nicht so schlimm, wenn etwas davon in den Mund wandert oder gar kleine Stückchen versehentlich verschluckt werden.

Turm- und Nestbau

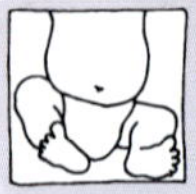

Ältere Kinder bauen sehr gerne hohe Türme aus Schuhkartons und werfen diese mit großem Spaß wieder um.

Größere Kartons eignen sich zum Hineinklettern. Alleine oder auch zu zweit genießen sie die Enge in ihrem „Nest" aus Pappe. Der Karton kann auch gemeinsam bunt bemalt oder beklebt werden. Einfaches weißes Papier lässt sich gut zerknüllen. Viele Papierkugeln ergeben eine interessante Füllung für das Materialbad.

Rollende Kartons

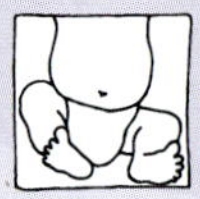

Wird ein Karton auf ein Rollbrett gestellt, so ergibt das ein tolles Auto, das vorsichtig von einem Erwachsenen durch den Raum geschoben werden kann.

BLECHDOSEN

Mit unterschiedlichen Blechdosen sind erste Größenerfahrungen möglich: Welche Dosen passen ineinander, welche nicht? Hierbei sollte darauf geachtet werden, dass keine scharfen Ränder vorhanden sind.

Schmuckdosen

Die Dosen können mit Acrylfarben bemalt oder mit Klebefolie verschönert werden. Die Kinder stellen diese gerne auf oder bauen Türme.

Zielsicher

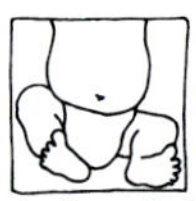

Die Kinder werfen Murmeln, kleine Steine oder Ähnliches in eine Dose (wegen der Verschluckgefahr unbedingt beaufsichtigen!). Das herrliche Aufprall-Geräusch belohnt jeden erfolgreichen Versuch.

Das beliebte Dosenwerfen eignet sich besonders gut für ein Fest. Die Kinder halten, je nach Alter und Entwicklungsstand, einen ganz kleinen oder größeren Abstand zu den aufgestellten Dosen.

GYMNASTIKREIFEN

In einer Turnhalle oder in einem anderen größeren Raum machen die Kinder vielfältige Bewegungserfahrungen mit Gymnastikreifen. Für jedes Kind sollte hierfür ein Reifen vorhanden sein.

Die Kinder sollten möglichst ausreichend Gelegenheit zum freien Experimentieren bekommen. Eigene Ideen werden von anderen aufgegriffen, nachgeahmt und verändert: rollen, durchkriechen, hineinspringen, darauf balancieren ...

Hüpfen, kriechen und springen

Wenn alle Reifen auf den Boden gelegt werden, können die Kinder von einem Reifen zum anderen laufen, hüpfen und springen.

Hält ein Erwachsener den Reifen aufrecht, können die Kinder hindurchkriechen. Wer motorisch schon sehr geschickt ist, kann versuchen, dabei den Reifen nicht zu berühren. Besonders lustig finden es die Kinder, wenn die Rollen auch einmal getauscht werden und ein Erwachsener durch den Reifen kriecht.

Reagieren und koordinieren

Die Reaktionsfähigkeit und Körperkoordination wird bei schnellen Signalspielen gefördert. Hierzu liegen die Reifen in größeren Abständen verteilt auf dem Boden und die Kinder laufen um die Reifen herum. Auf ein Signal (Klatschen) sucht sich jedes Kind so schnell wie möglich einen Reifen und setzt sich hinein.

Zu zweit spielen die Kinder gerne Pferd: Ein Kind läuft als Pferd im Reifen, der von einem anderen wie Zügel festgehalten wird. Dieses Spiel erfordert die Koordination der Bewegungen zweier Kinder.

Kapitel 3

Rituale lebendig gestalten

Kinder brauchen Rituale, die ihren Tag strukturieren, Halt und Orientierung geben. Das gilt umso mehr, je jünger sie sind. Ein fester Tagesrhythmus bedeutet Sicherheit, denn auch das kleinste Kind weiß nach einiger Zeit, wie die Abläufe in seiner Gruppe sind. Es kann sich an den Ritualen bei der Begrüßung am Morgen, beim Abschied von Mutter oder Vater sowie bei Spiel- und Essenszeiten orientieren.

Tipp

Nicht nur die Kinder, sondern auch die Eltern und Erzieherinnen profitieren von den verschiedenen Ritualen im Tages- und Jahresablauf: Ein schönes Abschiedsritual am Morgen erleichtert Kindern und Eltern die Trennung. Beliebte Rituale wie beispielsweise der Singkreis stärken den Zusammenhalt der Gruppe und das tut letztlich auch den Betreuerinnen gut.

GUTEN TAG!

Ein schönes Ritual zur Begrüßung zeigt jedem Kind am Morgen: „Du bist willkommen in der Gruppe, wir freuen uns, dass du da bist." Das macht den Abschied von Mutter oder Vater ein ganzes Stück leichter.

Ankunft in der Einrichtung

Jedes Kind wird individuell und nach Bedarf in Empfang genommen: Das eine möchte vielleicht zunächst alleine sein und beobachten, das andere auf dem Schoß der Erzieherin sitzen, ein drittes geht direkt zum Spielen.

Damit das Kind den Start des Tages in der Einrichtung entspannt genießen kann, ist ein gleichbleibendes Abschiedsritual von Mutter oder Vater besonders wichtig. Niemals sollten sich die Eltern heimlich davonschleichen, weil sie meinen, ihrem Kind die Trennung so leichter zu machen.

Bewährt hat sich das „Winkefenster", an dem sich Kind und Elternteil noch einmal mit Winken und Handkuss verabschieden können.

BEGRÜSSUNGSKREIS

Der Morgen- oder Begrüßungskreis ist eine wichtige Säule im Tagesablauf, weil er den Kindern deutlich zeigt, dass nun der Alltag in der Gruppe beginnt. Abhängig vom Alter und Entwicklungsstand der Kinder kann er als Sitzkreis oder im Liegen auf der Krabbeldecke stattfinden, wichtig ist nur, dass er immer gleich abläuft.

Ein akustisches Signal (Glocke, Gong) zeigt den Kindern, dass der Begrüßungskreis jetzt beginnt und sich alle am festgelegten Platz treffen. Mit einem Lied wird jedes einzelne Kind begrüßt.

Tagesplanung

Je nach Alter der Kinder wird im Morgenkreis besprochen, was für den Tag geplant ist. Je älter die Kinder sind, desto mehr kann der Begrüßungskreis ausgeweitet werden: mit einer Erzählrunde, dem Zählen der anwesenden Kinder, der Frage, welcher Wochentag ist usw.

Auflösen des Begrüßungskreises

Schließlich wird der Begrüßungskreis immer auf die gleiche Art beendet. Das kann mit einem bestimmten (Abschluss-)Lied oder Fingerspiel sein oder aber auch mit dem Pusten von Seifenblasen durch eine Erzieherin. Die Kinder wissen dann genau, dass der Morgenkreis vorbei ist und nun eine andere Aktivität folgt, beispielsweise das Freispiel.

Tipp

Auch ein kurzer Spruch ist ein guter Abschluss: „1, 2, 3, Morgenkreis vorbei!" oder „Wir geben uns die Hände, der Kreis ist nun zu Ende."

Guten-Morgen-Lied

Melodie und Text: Kati Breuer

Eine Bewegung aussuchen und die Melodie wiederholen, dabei den Text der Bewegung anpassen, z. B. „klapp, klapp, klapp ...", wenn geklatscht wird, „mh, mh, mh ...", wenn gestreichelt wird, „stampf, stampf, stampf ...", wenn mit den Füßen gestampft wird.

Wurden alle Kinder begrüßt, kann sich ein beliebiges Lied, Fingerspiel o. Ä. anschließen, dieses kann mit der Zeit etwas variiert werden.

GEMEINSAM ESSEN

Das gemeinsame Frühstück und/oder Mittagessen ist ebenfalls ein wichtiger Orientierungspunkt im Tagesablauf und bietet den Kindern zudem die Möglichkeit, in geselliger Runde fast wie in einer Großfamilie zusammenzusitzen. Die Jüngeren lernen durch Abschauen und Nachahmen fast von alleine ein gewisses Maß an Tischmanieren von den Älteren, sodass sich alle beim Essen wohlfühlen können.

Je nach den Gegebenheiten in der Gruppe sind bestimmte Rituale rund um das Essen sinnvoll.

Auch das Auge isst mit

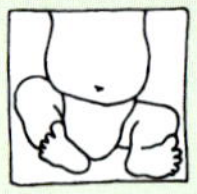

Ein schön gedeckter Tisch erhöht den Genuss. Jedes Kind kann etwa sein eigenes Set benutzen (selbst hergestellt aus bemaltem Papier, das laminiert wird, evtl. mit eingefügtem Foto oder Zeichnung).

Tischdienste

Ältere Kinder können schon bestimmte Aufgaben erfüllen, beispielsweise den Tisch abwischen oder das Besteck an den richtigen Platz legen. Meist sind diese „Dienste" sehr begehrt bei den Kindern.

Jedes Kind räumt, sofern es das schon kann, sein Geschirr nach dem Essen wieder weg.

Angenehme Atmosphäre

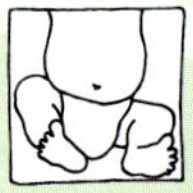

Ein Tischspruch oder -lied schafft eine schöne Atmosphäre und gibt den Kindern das Signal, dass jetzt angefangen wird.

Während des Essens kann eine altersentsprechende Geschichte vorgelesen oder einfach geplaudert werden.

FREISPIELZEIT

In der Freispielzeit entscheiden die Kinder selbst darüber, ob, was und mit wem sie spielen möchten. Vor allem das Sozialverhalten (Kontakt aufnehmen, aufeinander zugehen, Rücksicht nehmen ...), aber auch Konzentration und Ausdauer, Fingerfertigkeit und Fantasie, Kreativität und Gedächtnis werden im freien Spiel gefördert. Die Erwachsenen beobachten die Gruppe und greifen, wenn nötig, helfend ein.

Anfang und Ende der Freispielzeit

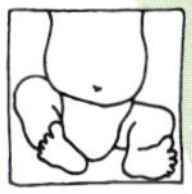

Das Freispiel sollte eingegrenzt sein und ein für die Kinder wahrnehmbares, rechtzeitig angekündigtes Ende haben. Hierzu eignet sich ein bestimmter Spruch, ein Lied oder ein anderes Zeichen.

Aufräumlied

Melodie und Text: Kati Breuer

Die Jüngsten sprechen besonders gut auf ein akustisches Signal an. Das kann zum Beispiel das Anschlagen einer Klangschale sein. Auch die Kleinsten lernen schnell, dass nun eine andere Aktivität folgt.

Etwas ältere Kinder benötigen eine (mehrmalige) Ankündigung, dass die Spielzeit bald zu Ende ist, damit sie sich nicht zu sehr aus ihrem Spiel herausgerissen fühlen. Bewährt hat sich ein Küchenwecker, der sichtbar für alle Kinder aufgestellt wird und der im Abstand von einigen Minuten zweimal klingelt. Beim letzten Klingeln ist die Spielzeit beendet.

Aufräumen

Meistens wird im Anschluss an das Freispiel der Gruppenraum aufgeräumt. Auch hierbei sind gleichbleibende Rituale sehr hilfreich, denn so weiß jedes Kind ganz genau, was es zu tun hat, und das Aufräumen geht viel schneller.

Erleichtert wird den Kindern das Sortieren der Spielsachen, wenn ganz deutlich ist, welche Dinge wohin gehören. Kisten, Kartons und Schubladen können mit Abbildungen oder Fotos von Spielzeug versehen werden, sodass auf den ersten Blick ersichtlich ist, was hier eingeräumt werden muss.

SCHLAF, KINDCHEN, SCHLAF

Je nach Alter sollen oder wollen viele Kinder am Mittag in der Einrichtung schlafen. Eine kleine Ruhepause im anstrengenden Alltag tut den Kindern gut und lässt sie Energie für die zweite Tageshälfte tanken.

Die allerjüngsten Kinder schlafen vermutlich nach Bedarf, mal schon am Morgen, mal nachmittags, während die etwas Älteren gemeinsam nach dem Mittagessen zur Ruhe kommen. Da das Schlafbedürfnis extrem unterschiedlich ist – mancher Zweijährige benötigt keinen Mittagsschlaf mehr, während einige Sechsjährige noch regelmäßig mittags im Bett liegen – sollten die Kinder nicht zum Schlafen gezwungen werden. Eine „Ruhezeit" oder „Mittagspause", in der die müden Kinder schlafen und die wachen leise sind und in der kein großes Programm stattfindet, hat sich besonders in altersgemischten Gruppen sehr bewährt.

Ob sich alle Kinder zumindest hinlegen müssen oder ob diejenigen, die nicht schlafen wollen, sich in einem anderen Raum aufhalten, hängt von den Gegebenheiten in der Gruppe ab.

Die Schlafenszeit einleiten

Ein schönes Ritual bringt die Kinder zur Ruhe; auch diejenigen, die sich nur ausruhen wollen, genießen es oft sehr. Eine kurze Geschichte, erzählt oder vorgelesen, gefällt den meisten Kindern.

Eine Handpuppe oder ein Stofftier kommt zu jedem einzelnen Kind und wünscht ihm einen ruhigen Schlaf. Vielleicht darf dieses Tier jeden Mittag bei einem anderen Kind im Bett schlafen oder bekommt einen eigenen Schlafplatz, z. B. einen bemalten Karton mit einem Stoffrest als Decke.

Tipp

Es hat sich bewährt, verschiedene Schlaflieder auszuwählen, die jeweils durch eine Bildkarte dargestellt werden, z. B. Mond für „Der Mond ist aufgegangen", Schaf für „Schlaf, Kindchen, schlaf" usw. Reihum sucht täglich ein Kind eines der Bilder aus und das entsprechende Lied wird dann vorgesungen.

Wohlfühlen und entspannen

Der Ruheraum kann gemütlich gestaltet werden, z. B. mit sanft leuchtenden Lichterketten, Schlummerlichtern oder einem Lichternetz an der Decke, das wie ein Sternenhimmel aussieht.

Leise Entspannungsmusik kann von einer CD erklingen. Sie hat eine entspannende Wirkung, während die Kinder ins Bett gelegt werden und bis sie eingeschlafen sind. Auch ein vorgesungenes Schlaflied beruhigt die Kinder schnell.

TSCHÜSS, BIS MORGEN!

Genau wie der Begrüßungskreis bildet auch der Tagesabschluss eine feste Säule im Gruppenalltag. Den Tag noch einmal Revue passieren zu lassen, sich die Hand zu reichen und ein letztes Lied zusammen zu singen schafft eine positive Atmosphäre, in der sich die Kinder schon auf den nächsten Tag freuen: „Tschüss, bis morgen!"

Abschlusskreis

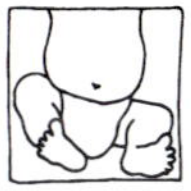

Kinder, die schon gut sprechen können, berichten im Abschlusskreis davon, was ihnen an diesem Tag gut gefallen hat. Bei den jüngeren Kindern kann eine Erzieherin kurz zusammenfassen, was alles in den letzten Stunden passiert ist.

Schlusslied

Melodie und Text: Kati Breuer

FESTE FEIERN

Auch Feste wie Fasching, Ostern, Geburtstage usw. laufen in Kindergruppen nach bestimmten Ritualen ab. Durch diese regelmäßig wiederkehrenden Feste und Feiern haben die Kinder die Möglichkeit, die Struktur eines Jahres gefühlsmäßig zu erfassen. Je jünger die Kinder, desto wichtiger ist die Einhaltung der gewohnten Abläufe.

Dies ist vor allem für die Geburtstage wichtig, die bei einer großen Kindergruppe mehrmals pro Jahr gefeiert werden. Die Kinder gewinnen mit jeder erlebten Geburtstagsfeier die Gewissheit: „Bei mir wird es auch so sein" und freuen sich auf ihr eigenes Fest.

Kapitel 4

Kleine Künstler

Kinder lernen mit allen Sinnen, und das umso mehr, je jünger sie sind. Erstes Malen, Basteln, Formen, Kneten und Matschen verschaffen ihnen vielfältige Sinneseindrücke und Erfahrungen mit den unterschiedlichsten Materialien.

Jedes neue Material spricht die Kinder anders an und sie sollten stets viel Zeit zum freien Experimentieren und Ausprobieren bekommen. Für diese Altersgruppe gilt der Satz: Es zählt das Erlebnis, nicht das Ergebnis. Allerdings entstehen auch beim Experimentieren mitunter tolle Kunstwerke, die sich als Geschenke oder Raumdekoration wunderbar verwenden lassen.

MALEN

Das größte Sinnesorgan des Menschen ist die Haut, über den Hautkontakt werden vielfältige Erfahrungen gemacht. Wie fühlt sich ein Material an? Ist es warm oder kalt, nass oder trocken, glatt oder rau? Beim Malen mit Fingerfarbe machen die Kinder direkte Materialerfahrungen, vor allem, wenn kein Pinsel benutzt wird. Das mag nicht jedes Kind, darauf sollte natürlich Rücksicht genommen werden. Es kann dann stattdessen mit Farbwalzen oder Pinseln gearbeitet werden. Der Maluntergrund sollte möglichst großflächig sein, damit die Kinder sich mit der Farbe richtig austoben können, ohne die Umgebung zu beschmutzen.

Fingerfarbe herstellen

Für die allerkleinsten Künstler wird die Fingerfarbe am besten selbst hergestellt. Dazu etwa fünf Esslöffel Mehl mit drei Esslöffeln Wasser gut verrühren und Lebensmittelfarbe tröpfchenweise zugeben, bis der gewünschte Farbton erreicht ist. Diese Fingerfarbe hat den Vorteil, dass sie garantiert ungiftig ist, es kann also nichts passieren, sollte ein Kind einmal kosten wollen.

Schmucke Boxen

Fingerfarbenbilder können später vielfach eingesetzt werden. Bezieht man Schuhkartons damit, lassen sich diese als Aufbewahrungsbox nutzen. Außerdem eignet sich das Papier gut zum Verpacken von Geschenken. Wird es laminiert, kann man es anschließend als Tischset verwenden usw.

Das ist meine Hand

Für Handabdrücke die Hände mit Fingerfarbe einstreichen und auf Papier drucken. Wenn in regelmäßigen Abständen Handabdrücke gemacht und gesammelt werden, entsteht ein interessanter Größenvergleich. Die Kinder können sich später gar nicht vorstellen, dass ihre eigene Hand einmal so klein gewesen sein soll.

Handabdrücke der Kinder können nach dem Trocknen weiter ausgestaltet werden, so ergibt zum Beispiel ein weißer Abdruck fünf kleine Schneemänner, ein brauner Abdruck wird zu einem Igel.

Tipp

Ganz einfach geht das Drucken der Hände, wenn alternativ Riesen-Stempelkissen verwendet werden. Dafür (Schwamm-)Tücher in Schalen legen und diese mit auswaschbarer Farbe füllen. Mit diesen Stempelkissen wird auch das Abdrucken der Füße zum Kinderspiel, weil das kitzelige Einpinseln entfällt.

Bunte Kügelchen

In frisch aufgetragene Fingerfarbe nach dem Händewaschen kleine Wattestückchen rieseln lassen. Weiße ergeben Schneeflocken, bunte sehen aus wie Blumen. Beim Trocknen der Farbe klebt die Watte fest. Diese Technik kann auch mit anderen Materialien ausprobiert werden, z. B. mit Glitter, Wollfäden, Federn, Konfetti.

Farbe hinterlässt Spuren

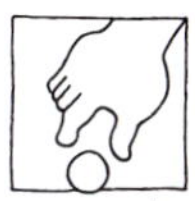

Ein Materialdruck erzielt immer wieder neue Effekte und erfordert von den Kindern eine stets neu angepasste Technik, weil die Materialien unterschiedlich groß, weich oder hart sind. Gedruckt werden kann mit Korken, Kartoffeln, schwach aufgeblasenen und zugebundenen Luftballons, Moosgummistempeln usw.

Interessant und wirkungsvoll ist auch das Hinterlassen von Spuren durch Bewegung: Ein Spielzeugauto durch einen Farbklecks schieben und beobachten, wie sich die Spur über das Papier zieht oder eine Glasmurmel durch Farbe rollen lassen (Papier dazu in einen Kartondeckel legen).

Fühlerlebnisse mit Farbe

Interessante „Mal"-Erfahrungen machen die Kinder, wenn sie mit Fingern und Händen auf einem liegenden Spiegel mit Lebensmittelfarben eingefärbten Quark, Rasier- oder Waschschaum verteilen dürfen. Diese nicht haltbaren Kunstwerke können schon die Allerkleinsten anfertigen und haben dabei einen Riesenspaß. Von der Aktion sollten unbedingt Erinnerungsfotos gemacht werden!

In Drogeriemärkten gibt es bunte Malseifen und gefärbten Seifenschaum aus der Sprühdose speziell für Kinder. Dieses Material eignet sich besonders zum Bemalen des Körpers und lässt sich auch leicht von Böden, Fliesen und Spiegeln entfernen. So kann man nicht nur sich selbst, sondern auch ein anderes Kind mit lustigen Mustern verzieren. Ein solches Malerlebnis fühlt sich sehr angenehm auf der Haut an und die Kinder staunen am Schluss sichtlich über ihre „Verwandlung". Das Händewaschen wird damit ebenfalls zum bunten Vergnügen.

Unsere Welt ist bunt

Fingerfarbe eignet sich auch für das Bemalen von Gegenständen. Papprollen, Kartons, Holzstücke usw. können (allein oder gemeinsam) verziert werden. Jeder Untergrund hat eine andere Beschaffenheit und vermittelt andere Fühlerfahrungen.

Etwas ältere Kinder malen bereits gerne mit Stiften. Am Anfang sind dicke Buntstifte sowie Wachsmaler am besten geeignet. Als Untergrund empfiehlt sich eher griffiges, raues Papier, z. B. Tapetenreste oder Packpapier.

Tipp

Beim Arbeiten mit Fingerfarbe oder anderen „schmierenden" Materialien empfiehlt es sich, ein feuchtes Tuch griffbereit zu haben, mit dem die Kinder sich die Hände grob reinigen können, wenn sie fertig sind.
Auf diese Weise gibt es auf dem Weg vom Tisch zum Waschbecken keine farbigen oder klebrigen Spuren an Wänden und Möbeln.

KLEISTERN UND KLEBEN

Das Arbeiten mit Kleister macht den meisten Kindern großen Spaß. Dass z. B. Papierschnipsel aneinander kleben bleiben, ist für die Kinder eine faszinierende Erfahrung. Kleister kann genau wie Fingerfarbe mit den Händen verteilt werden, fühlt sich aber etwas anders an. Wenn er mit farbigem Wasser (Lebensmittelfarbe) angerührt wird, ist er sogar ähnlich wie Farbe zum Malen zu verwenden. Füllt man relativ flüssigen Kleister in einen ausgewaschenen Deoroller, ergibt das einen guten Kleisterstift für kleine Hände. Wird der Kleister eingefärbt, kann man mit diesem Gerät auch toll malen.

Klebstoff herstellen

Aus Mehl und Wasser lässt sich ein ungiftiger Kleber selbst herstellen. Dazu etwa zwei gehäufte Esslöffel Mehl mit einer halben Tasse Wasser in einem Topf anrühren. Etwa eine Tasse heißes Wasser dazugeben und die Masse unter Rühren erhitzen, bis sie glasig wird. Vor der Verwendung gut abkühlen lassen.

Schnipselbilder

Schnipselbilder können auch schon die Jüngsten herstellen. Kleister oder Mehlkleber wird mit den Händen oder einem dicken Pinsel auf den Untergrund aufgetragen und mit Papierschnipseln bestreut. Soll ein Geschenk oder eine Raumdekoration entstehen, wird der Untergrund zuvor in die passende Form (Herz, Stern ...) geschnitten.

In der gleichen Machart entstehen Materialbilder, wenn die Kinder Stoffreste, Wolle, Konfetti, Märchenwolle o. Ä. aufkleben.

Plastische Gestaltung mit Kleister

Aus Toilettenpapier und Kleister können die Kinder Bälle formen und nach dem Trocknen anmalen.

Leere, mit Transparentpapierschnipseln beklebte Marmeladengläser werden mit einem Teelicht zu hübschen Windlichtern.

Strukturen und Reliefs

Interessante Strukturen entstehen, wenn festes Papier zuerst mit Kleister, dann mit Fingerfarbe bemalt wird und anschließend mit den Fingern oder mit Malkämmen Muster gezogen werden.

Verschiedenartige Reliefs lassen sich mit Kleister und Sand herstellen. Hierzu werden beide Materialien vermischt, sodass eine recht feste Masse entsteht. Diese streichen die Kinder in den Deckel eines Schuhkartons und drücken ihr gesammeltes Naturmaterial hinein. Das Relief muss nun mehrere Tage trocknen, am besten auf einem Gitter, damit auch von unten Luft herankommt.

Tipp

Etwas ältere Kinder können gut mit einem handelsüblichen Klebestift arbeiten. Dieser eignet sich ganz besonders, wenn ausgeschnittene Bilder aus Zeitschriften o. Ä. aufgeklebt werden sollen.

KNETEN

Der Umgang mit Knetmasse ist für kleine Kinder eine gute Übung zur Stärkung der Handmuskulatur. Auch die Feinmotorik wird beim Kneten, Rollen, Pressen, Reißen und Schneiden des Materials trainiert.

Jüngere Kinder sind hauptsächlich mit der Erkundung des Materials beschäftigt, während etwas ältere bereits gegenständlich modellieren wollen und dafür eventuell einige Anregungen benötigen.

Wenn ein Erwachsener mitknetet und die Masse rollt, drückt, reißt, mit dem Finger hineinbohrt etc., ahmen die Kleinen das Tun des Erwachsenen nach und entwickeln so Schritt für Schritt auch eigene Ideen, mit dem Material umzugehen.

Werkzeuge und Dekorationsmaterial

Ältere Kinder freuen sich über Spatel, Scheren, eine ausgediente Knoblauchpresse, Zahnstocher oder kleine Äste usw., die sie nach Bedarf zum fantasievollen Modellieren benutzen können.

Wenn in einen Teil der Knetmasse kleine Perlen o. Ä. eingeknetet werden, können die Kinder direkt vergleichen, wie anders sich die Masse dadurch anfühlt.

Knetmasse herstellen

Zwei Tassen Mehl, zwei Tassen Wasser, eine Tasse Salz und zwei Esslöffel Speiseöl in einem Kochtopf gründlich mischen. Wenn gewünscht, Lebensmittelfarbe zugeben. Unter ständigem Rühren so lange erhitzen, bis ein Klumpen entsteht, der sich vom Topfboden löst. Die Masse abkühlen lassen und in Gläser mit Schraubverschluss füllen, dann hält sie mehrere Monate. Selbst gemachte Knetmasse muss immer luftdicht verschlossen aufbewahrt werden, da sie sonst austrocknet. Reste von Knetmasse in Kleidung oder Teppich trocknen lassen, sie lassen sich dann leicht ausbürsten oder aufsaugen.

Essbare Knetmasse

Einen besonderen Reiz übt essbare Knete auf kleine Kinder aus. Hierzu einen einfachen Keksteig herstellen und die Kinder nach Herzenslust kneten, formen und matschen lassen.

Anschließend wird der Teig (wenn nötig in Stücke geschnitten) gebacken und aufgegessen. Da vermutlich ein Teil des ungebackenen Teigs in den Mund wandern wird, sollte ein Rezept ohne Ei verwendet werden.

Keksteig

300 g Mehl, 200 g Butter, 200 g Zucker sowie ein Päckchen Vanillezucker verkneten und eine Stunde lang kühl stellen. Bei 200 °C etwa 15 Minuten backen.

REISSEN, SCHNIPSELN UND KNÜLLEN

Mit verschiedenen Papiersorten machen kleine Kinder die vielfältigsten Erfahrungen. Papier kann zerknüllt, bemalt, gerissen oder geschnitten werden. Das Material macht dabei Geräusche, geknülltes Papier bewegt sich sogar ein bisschen, weil es unter Spannung steht. Im Spiel lernen die Kinder die Eigenschaften dieses Alltagsmaterials kennen.

Es ist sinnvoll, den Kindern einen Korb mit verschiedenen Papiersorten zur Verfügung zu stellen. Das Papier sollte jedoch unbedruckt sein, falls das eine oder andere Stück in den Mund wandert. Je unterschiedlicher das Material, desto besser: Kopierpapier, Seidenpapier, Packpapier, Transparentpapier usw. können die Kinder je nach Belieben reißen, knüllen, knittern und es mit allen Sinnen erkunden.

Materialbad

Nach der Experimentierphase können die Papierknäuel und -schnipsel in ein Kinderplanschbecken oder einen großen Karton gefüllt werden, sodass die Kinder darin „baden“ können.

Schnipseln, rollen und sortieren

Papier reißen ist eine gute Übung für die Feinmotorik und macht außerdem eine Menge Spaß. Die Schnipsel können hinterher noch zum Basteln verwendet werden, indem man sie z. B. als Mosaikbild auf einen Tonkartonbogen klebt.

Ältere Kinder sortieren das Material nach Sorten oder auch nach Farben, was die genaue Beobachtungsgabe schult. Aus diesem Grundstoff können anschließend interessante Collagen geklebt werden.

Der Umgang mit der Schere

Mit Papierresten üben sich die Kinder im Umgang mit der Schere. Zunächst werden die Kinder das Papier eher einschneiden, als ganze Formen auszuschneiden, sodass Papierfransen entstehen. Diese können zu Girlanden weiterverarbeitet werden.

Ein Tischlicht gestalten

Mit einem dicken Nagel oder einer Prickelnadel und einer weichen Unterlage wird aus Papier oder Metallfolie ein hübsches Tischlicht: Die Kinder stechen viele Löcher in das Papier, das hinterher zu einer Röhre zusammengeklebt und über ein Teelicht gestellt wird. Die Kinder erfahren dabei, dass sich Metallfolie ganz anders anfühlt und bearbeiten lässt als Papier.

Kapitel 5

Ich bin in Bewegung

Rund 187 Meter am Tag legt ein Kind im Krabbelalter zurück, ein Laufanfänger bringt es auf etwa 9 000 Schritte täglich (Quelle: Pampers Institut). Bewegung ist nicht nur für die körperliche, sondern auch für die soziale Entwicklung wichtig: Nur wer mobil ist, kann seine Umwelt erobern und nach und nach selbstständig werden.

Kinder in Bewegung lernen ihren eigenen Körper und seine Funktionen kennen. Räume und Abstände werden erfasst und das Selbstvertrauen wächst, wenn ein Kind sich aus eigener Kraft auf ein Ziel zubewegen kann.

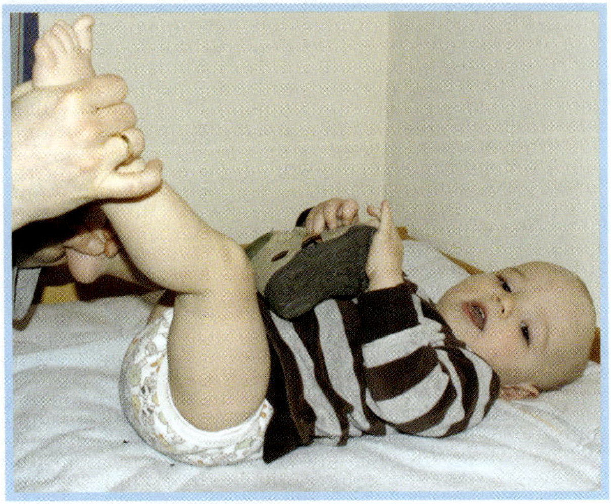

Tipp

Das „Üben" von bestimmten Bewegungsformen ist nicht sinnvoll und unter Umständen sogar schädlich für die Entwicklung des Kindes. Besser sind Spiele und Anregungen, die dem Kind Spaß machen und es motivieren, von sich aus seine (motorischen) Fähigkeiten immer weiter zu entwickeln.

STRAMPELSPIELE

Beim Strampeln wird der Kreislauf von Babys angeregt und sie trainieren fleißig ihre Muskeln. Nach und nach werden aus den anfangs unkoordinierten Bewegungen bewusst gesteuerte Abläufe.

Spielschnur

Ganz alleine können Babys strampeln, wenn sie auf dem Rücken auf einer Decke liegen und eine selbst gemachte Spielschnur über ihnen gespannt wird, von der verschiedene Gegenstände herabhängen. Die Kinder erkennen schnell, dass sie diese durch Strampeln mit Armen und Beinen in Bewegung bringen können.

Die Spielschnur wird am besten zwischen zwei Stühlen o. Ä. gespannt und mit allerlei verschiedenen Gegenständen bestückt: Das kann ein Luftballon sein, ein Streifen knisterndes Backpapier, ein Plastiklöffel, ein Glöckchen und vieles mehr.

Strampelverse

Das Strampeln der kleinen Beine kann zielgerichtet gefördert werden, indem ein Erwachsener in jeder Hand einen Kinderfuß hält und ihn bewegt, zum Beispiel zu einem kleinen Strampelvers:

Herr Pinz und Herr Panz

Herr Pinz und Herr Panz
Die gehen zum Tanz.
Erst machen sie so:
(Beine nach links schwenken)

Dann machen sie so:
(Beine nach rechts schwenken)

Dann machen sie so:
(Beine nach oben schwenken)

Dann tanzen sie froh.
(Beine zurück in die Mitte schwenken
und mit ihnen strampeln)

Die Maus hat rote Strümpfe an

(Füße des Kindes im Takt strampelnd bewegen)

Die Maus hat rote Strümpfe an,
damit sie besser radeln kann.
Sie radelt bis nach Dänemark,
denn Radeln macht die Waden stark.

(Hände des Kindes im Takt rudernd bewegen)

Die Maus hat rote Handschuh' an,
damit sie besser rudern kann.
Sie rudert bis nach Dänemark,
denn Rudern macht die Arme stark.

(Füße des Kindes im Takt strampelnd bewegen)

Und (Name des Kindes) hat rote Hosen an,
damit er/sie besser strampeln kann.
Er/Sie strampelt bis nach Dänemark,
denn Strampeln macht das Kindlein stark.

Tipp

Aus der Rückenlage heraus sind Säuglinge und Kleinkinder besser in der Lage, sich im Rumpfbereich zu drehen. Dadurch können sie sich besser aufrichten und auf diese Weise über das Sitzen und Stehen zum selbstständigen Gehen kommen.

KRABBELSPIELE

Mit etwa sechs bis zehn Monaten beginnt für die meisten Babys die Krabbelzeit. Erstmals können sie sich nun selbstständig effektiv fortbewegen. Ein hohes Maß an Körperkoordination ist dafür nötig, denn zunächst müssen die Kinder lernen, das Gleichgewicht auf Händen und Knien zu halten. Vom Schaukeln in dieser Position ist es dann nur noch ein kleiner Schritt zum richtigen Krabbeln.

Was klingt und springt denn da?

Spielzeug, das sich bewegt oder Geräusche macht, ist für kleine Krabbler ein toller Bewegungsanreiz. Ein hüpfender Ball, ein Brummkreisel oder ein Aufziehauto machen neugierig und fordern zum Hinterherkriechen auf. Auch ein buntes Tuch oder ein Seil, das vor dem Kind hergezogen wird, wird gerne verfolgt und schließlich gefangen. Ertönt verdeckt ein interessantes Geräusch, das auf allen Vieren gesucht werden muss, lernen die Kinder, genau hinzuhören und dem Ton zu folgen.

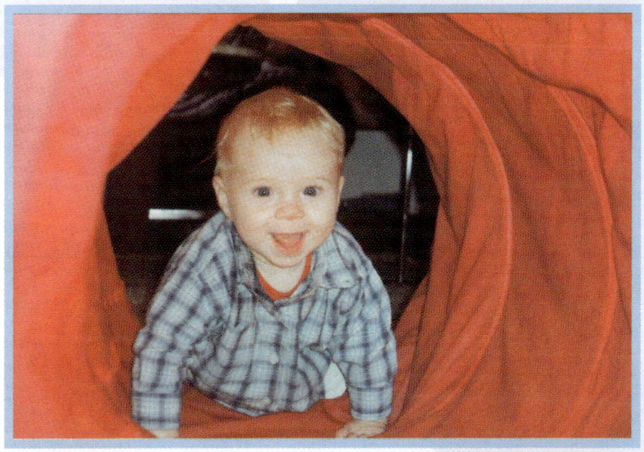

Hindurch

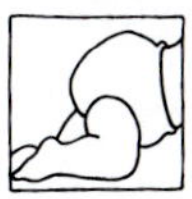

Ein Tunnel ist immer eine spannende Sache. Kleine Krabbelanfänger kriechen zunächst durch die gegrätschten Beine eines Erwachsenen, später unter einem Stuhl hindurch oder durch einen Tunnel aus Pappkartons. Stühle und Tische können mit einer Decke verhängt werden, auch gekaufte Krabbeltunnel sind sehr beliebt.

BEWEGUNGSLIEDER

Lieder, die sich mit Bewegungen begleiten lassen, stehen bei kleinen Kindern hoch im Kurs. Die einfachen Gesten (klatschen, hüpfen, winken ...) fördern auf spielerische Weise die Motorik der Kinder und der verwendete Wortschatz unterstützt die Sprachentwicklung. Da Kinder in diesem Alter vor allem über ständige Wiederholung lernen, sollten nicht zu viele neue Lieder in kurzer Zeit eingeführt werden. So können die Kinder jedes Lied oder auch Spiel bewusst wahrnehmen und werden nach kurzer Zeit bereits selbst versuchen mitzumachen.

Suppe kochen

Melodie und Text: Kati Breuer

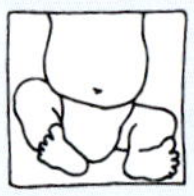

Heute woll´n wir Suppe kochen.
Suppe, die schmeckt toll.
Heute woll´n wir Suppe kochen,
einen Kochtopf voll.
(einen Arm als „Kochtopf" krümmen, mit der anderen Hand pantomimisch „rühren")

Wir gießen etwas Wasser rein,
(pantomimisch gießen)

ja, unsre Suppe, die schmeckt fein.
(mit einem imaginären Löffel probieren)

Wir streuen etwas Salz hinein ....
Wir schütten ein paar Nudeln rein ...
Wir schneiden auch Karotten rein ...

Tipp

Viel Spaß macht es Kindern, zu diesem Lied mit einem richtigen Topf nebst Kochlöffel zu spielen, er kann anschließend zum Musikmachen verwendet werden. Auch können die Kinder Bauklötze, Legosteine o. Ä. hineingeben und diese feine „Suppe" geräuschvoll umrühren.

Klatschen mit den Händen
(Melodie: Alle meine Entchen, Text: Kati Breuer)

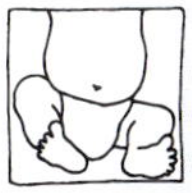

Klatschen mit den Händen
1, 2, 3. 1, 2, 3.
Klatschen mit den Händen
1, 2, 3.

Stampfen mit den Füßen ...
Wackeln mit dem Popo ...
Boxen mit den Fäusten ...
Tanzen mit den Beinen ...
Rütteln mit den Schultern ...

Wenn die Kinder das Lied gut kennen, können sie selbst die nächste Bewegung aussuchen. Bestimmt fällt ihnen noch viel mehr ein.

Älteren Kindern macht es viel Spaß, bei diesem Bewegungslied zusätlich Instrumente einzusetzen. Auf diese Weise werden die Bewegungen gleichzeitig mit Geräuschen untermalt und die Kinder müssen sich sowohl auf das Bewegen des genannten Körperteils als auch auf das rhythmische Schütteln, Schlagen oder Streichen des Instruments konzentrieren.

Fröschlein klein
(Melodie: Hänschen klein, Text: Kati Breuer)

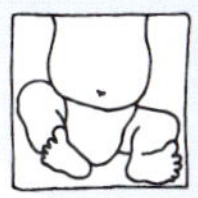

Fröschlein klein, hüpft allein,
in die weite Welt hinein.
Komm doch mit, hüpf doch mit,
denn so bleibst du fit.

Fröschlein klein, tanzt allein ...
Fröschlein klein, springt allein ...

Weitere bekannte und beliebte Bewegungslieder sind zum Beispiel „Häschen in der Grube“, „Zeigt her eure Füße“ oder „Oh, du mein Hampelmann“. Die einprägsamen Melodien laden zum Mitmachen ein und die Texte können je nach Bedarf schnell verändert werden. So wird aus dem Häschen in der Grube vielleicht einmal eine „Lena in der Grube“, die „saß und schlief“.

KNIEREITER

Kniereiter sprechen neben der Schulung des Gleichgewichts auch den emotionalen Bereich kleiner Kinder an, denn es findet eine liebevolle Interaktion zwischen Kind und dem Erwachsenen statt. Beide sind sich bei dieser Spielform sehr nah. Sprachmelodie und -rhythmus werden durch die gemeinsame Bewegung unmittelbar erfahren.

Der sicherlich bekannteste Kniereiter ist das „Hoppe hoppe Reiter", das schon Generationen von Eltern mit ihren Kindern gespielt haben. Es gibt eine ganze Reihe von weiteren Spielen dieser Art, die bei vielen Kindern großen Jubel auslösen. Das Kind sitzt dabei auf den Knien eines Erwachsenen, der die passenden Bewegungen zum Text ausführt. Herunter- oder umfallen ist natürlich der größte Spaß! Kinder, die noch nicht selbstständig sitzen können, müssen unter den Achseln festgehalten werden.

Hin und Her

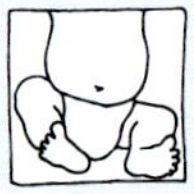

Hin und her
ist nicht schwer.
Hoch und runter
macht uns munter.
Rundherum,
fidebum.
Und da fällt das
Kindlein um!

Das Schifflein

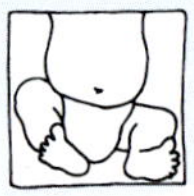

Fährt das Schifflein übern See.
Wackelt´s hin und wackelt´s her.
Kommt ein starker Sturm –
wirft das Schifflein um.

So reiten die Damen

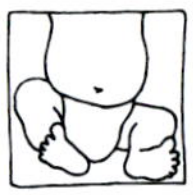

So reiten die Damen, so reiten die Damen,
so reiten die Damen.
(das linke und rechte Knie abwechselnd heben)

So reiten die Herren, so reiten die Herren,
so reiten die Herren.
(beide Knie gleichzeitig im Takt anheben, etwas schneller)

So reiten die Bauern, so reiten die Bauern,
so reiten die Bauern.
(Knie schnell bewegen, möglichst hoch ziehen)

TANZSPIELE

Sich zu Musik zu bewegen macht den meisten Kleinkindern viel Freude, besonders dann, wenn ein Erwachsener oder größere Kinder mitmachen. Das direkte Umsetzen von Rhythmen und Melodien in Bewegung fördert die Konzentration und die Körperbeherrschung.

Tanzimitation

Die älteren Kinder machen einfache Bewegungen vor, die von den Kleinen nachgeahmt werden: Auf Zehenspitzen gehen, die Hände in die Luft strecken, mit dem Po wackeln, sich drehen ...

Geräuschvoll tanzen

Das Tanzen macht besonders viel Spaß, wenn die Kinder dabei Geräusche machen können. Schellen, die auf Hutgummiband gefädelt werden, ergeben klingende Arm- oder Fußbänder. Auch Rasseln können beim Tanzen geschüttelt werden. Die Kinder können sich auch Rasseldosen in die Hosentaschen stecken und durch Hüpfen Geräusche erzeugen.

Pass gut auf!

Ein hohes Maß an Körperbeherrschung verlangt der Stopptanz. Hierbei bewegen sich die Kinder zur Musik wie sie wollen. Wenn diese gestoppt wird, setzen sich alle schnell auf den Boden.

BEWEGUNGSGESCHICHTEN

Auch mit selbst erdachten Geschichten kann man Kinder in Bewegung bringen. Ein Erwachsener erzählt die Geschichte und die Kinder stellen die genannten Bewegungen dar.

Besonders gut können sich die Kinder mit dem Inhalt der Geschichte identifizieren, wenn dieser auf die Gruppe abgestimmt wird. Auf diese Weise können alltägliche Erlebnisse der Kinder noch einmal nachgespielt werden, zum Beispiel ein Besuch auf dem Spielplatz oder im Zoo.

Requisiten

Je nach Situation können Turngeräte oder Möbel als Requisiten eingebaut werden oder aber die Geschichte wird ganz ohne Material gespielt.

Bewegungs-Mix

Je vielfältiger die Bewegungsformen sind, desto spannender wird es. Die Kinder klettern beispielsweise auf einen hohen Berg (eine dicke Matte), gehen über eine Brücke (Langbank), pflücken viele Äpfel vom Baum (strecken sich ganz hoch) usw.

Verhext

Viel Vergnügen bereitet die Verwandlung der Kinder durch eine Hexe oder einen Zauberer, vielleicht sogar mit einem Zauberstab und einem passenden Spruch: Da fliegen plötzlich lauter Flugzeuge durch den Raum oder es schleichen Katzen umher, die sich dann in zischende Schlangen verwandeln.

Neben den Bewegungsanreizen fördert dieses Spiel die Konzentration, denn die Kinder warten gespannt auf die nächste Ansage des Zauberers. Am besten wechselt dieser eher laute Aktivitäten (stampfen wie dicke Eisbären) mit leiseren (um ein schlafendes Kind schleichen) ab.

BEWEGUNGSLANDSCHAFTEN

Bewegungslandschaften, wie sie aus dem Kinderturnen bekannt sind, lassen sich schon für die Jüngsten zusammenstellen. Verschiedene Untergründe und Hindernisse schaffen vielfältige Bewegungsmöglichkeiten und regen die Kinder immer aufs Neue an, ihre motorischen Fertigkeiten zu üben. Je nach Entwicklungsstand sollten die Bewegungslandschaften Materialien und Anregungen zum Robben, Krabbeln und Hochziehen enthalten, die zu einer Art Parcours aufgebaut werden.

Glatt, rau, weich oder hügelig?

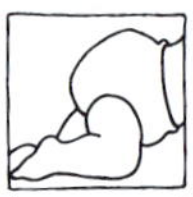

Es können Matten, Kissen, Decken, Schwimmreifen, Polster, Spiegelfolie und vieles mehr verwendet werden, die die Kinder selbstständig erkunden können. Der Fantasie sind kaum Grenzen gesetzt und fast jedes vorhandene Material kann zum Einsatz kommen.

Bei Krabbelkindern sind Tunnel oder große Kartons zum Hinein- und Durchkriechen sehr beliebt, Laufanfänger schieben gerne Kartons oder Kisten vor sich her.

Fühlen und Tasten

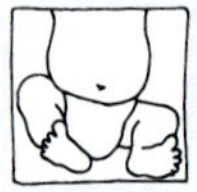

Es kann auch eine dauerhafte Taststraße gebaut werden, über die die Kinder krabbeln oder laufen können. Dazu feste Pappe in etwa 30 x 30 cm große Quadrate schneiden und jedes mit einem anderen Material bekleben: Kork, Filz, Kronenkorken, Teppich ... Geeignet ist alles, was sich sicher befestigen lässt und nicht zu hart und kantig ist. Jedes neue Material bietet wieder andere Reize für die Sinne.

Ein Planschbecken, das mit bunten Plastikbällen, Papierschnipseln oder Kastanien gefüllt wird, ergibt ein tolles Materialbad. Je nach Füllung machen die Kinder unterschiedliche Sinneserfahrungen: Papier knistert, Kastanien sind glatt und die Bälle kann man mit den Fingern eindrücken.